박순정 部長님께

2020. 5. 16

김제식

김계식 시집 ㉕

돌부처의 푸념

김계식 시집㉕ **돌부처의 푸념**

인 쇄 2020년 5월 15일
발 행 2020년 5월 20일

지은이 김계식
발행인 서정환
펴낸곳 신아출판사
주 소 전라북도 전주시 완산구 공북1길 16
전 화 (063) 275-4000
팩 스 (063) 274-3131
이메일 sina321@hanmail.net
출판등록 제465-1984-000004호
인쇄 · 제본 신아출판사

ISBN 979-11-5605-777-2 03810

값 10,000원

* 이 도서의 국립중앙도서관 출판예정도서목록(CIP)은 서지정보유통지원시스템 홈페이지(http://seoji.nl.go.kr)와 국가자료공동목록시스템(http://www.nl.go.kr/kolisnet)에서 이용하실 수 있습니다. (CIP제어번호: CIP2020019503)

김계식 시집 ㉕

돌부처의 푸념

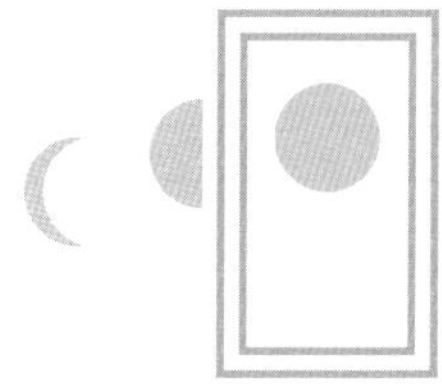

신아출판사

시인의 말

저 지금
또 한 번 큰 헛디딤을 내디디고 있습니다.

어제와 오늘이 같기만 한
삶이라서
세월 쌓임을 까맣게 놓쳤는데

하루하루 뽑아낸 실타래가
서로 엉키려는 엄포로
한 폭의 피륙 빚기를 원하고 있어서입니다.

그래야지
그게 돌부처의 푸념일지라도
또 한 번의 아퀴를 지어 갈무리해야지.

갑자기
사방팔방 흩어진 뭇 상념들이
꽃향기에 벌떼 날아들 듯
한곳에 모이는지라
저 지금 우스꽝스러운 제가 될지 몰라도

지금껏
그래 왔듯이
스물다섯 번째의 큰 해산을 해본 것입니다.

2020년 5월 종남산 자락에서
瀛州 **김 계 식**

차례

제2장 바람의 결실

차례

제3장 해거름의 단상

제4장 경륜 값 매기기

차례

제5장 둥근 희망

덧붙이는 글

/제1장/ 노거수를 뵙다

제1장
노거수를 뵙다

생명

까맣게 여문 미지
생명을 잉태한 네 무한한 꿈을
어찌 읽어낼 수 있을까

종점과 시점은
이음동의어라는 걸 익혀온 지 오래지만
생의 껍질째로는 방향을
쉬 짚을 길이 없는지라

하늘과 땅
남몰래 엮어나가는 섭리에
맡길 수밖에

낮과 밤
낮과 밤
딱 두 번의 흐름을 딛고 맞은 아침
뾰족이 고개 내민 맑은 생명

내로라하는 뭇 거들먹거림을

단숨에 내려디딘 채
뿌리로 지심을 품고
쌍떡잎 두 손 활짝 펴 하늘 우러른
성장盛裝의 위세

보이는 것
들리는 것
온통 네 푸른 꿈으로 가득한 세상
출렁이리라

우수를 맞이하다

찬바람 몸 비비며 날[刃] 세우는
모퉁이를
먼 눈길로만 짚어보다가

쨍그랑
햇볕 한 자락 냉기에 뛰어들고
동남쪽 울타리 가엔
새봄 내통한 매화나무 꽃눈

곱씹는 나날에 피돌기가 시작되어
잎눈 꽃눈은 아니어도
저 밑동 뿌리에
마중물 한 바가지라도 부어본다

얼어붙은 피부 속
졸졸거리는 개울물 소리
잔잔히 한데 모으는
우수 날 내디딘 내 마음 길

맨드라미

후미진 울타리 가에까지
농익은 가을
점령을 끝마친 완승의 깃발을 꽂을 즈음

왕성하게 자란 봄 병아리 무리 중
우두머리 자리에 만장일치로 추대된 수탉
선혈 빛 붉음으로 곧추세운 왕관처럼
그 빛 그 모양 그대로인 맨드라미

어느 누가 감히 균형 잡히지 않은
꽃 모양새를 헐뜯으랴
금방이라도 어둠 물리치고 새벽을 불러오는
우람한 외침이 들려올 것 같은데

후덕한 치장이
여린 꽃들을 오래도록 거느릴 것만 같아
한 송이 꽃이 되어
따르는 무리의 대오에 끼어들었다

긴 하루

Ⅰ.

'껍데기는 가라'*
열흘 전 진보정권이 들어섰으니
내 낯빛이 환해졌을 것이라고
찾아왔다면

'껍데기는 가라'
암울한 세상에서 빛을 찾기 위한
불의한 정권에서 정의를 찾기 위한
정신 똑바로 박힌 자의 몸부림

이걸 몰랐다면
너희는 어서 물러가라고
날카로운 펜을 거꾸로 불끈 쥔 신동엽은
눈을 부릅뜨고 우리를 쏘아보았다.

---

* 껍데기는 가라 : 신동엽 시인의 시 제목에서 인용.

II.

너희가 萬壽山無量寺 현판을 우러르며
무량사에 들러
당간지주와 석등과 오층석탑을 스치고
부처님도 그냥 지나쳐서

극락전 주변을 뱅뱅 돌며
진묵대사의 큰 가르침마저 듬성듬성 더듬고
그저 김시습의 족적이나 찾아 헤맬 때
향적당 젊은 비구승과 일방적으로 눈빛 맞춘 나

'마음마다 문화재 사랑 손길마다 문화재 보호'
고딕체의 현수막이나 읽으며
산문을 나가는 '萬壽山無量寺' 뒷면의 편액은
그리하여도 '光明門'
끝내 더듬거리다 떠나왔지

III.

무창포 바다 물빛
예나 지금이나 하나건만
바라보는 이 눈빛은 어찌 이렇게 바뀌었을까

고기잡이 떠난 늙은 아비 기다리는
어린 딸네 오막살이 조가비 숨 쉬던 자리에는
비체 펠리스Beache Palace 높다란 건물이
해변을 통째 잡아먹고 그도 부족하여
푸른 바다와 하늘마저 입맛 다시고 있었고

'닭벼슬'섬 검은 바윗돌이나 찾아가면
옛 정취 찾을 수 있을까
짧은 바지 젊은 여인의 꽁무니를 따라갔더니
그곳마저 눈선 풍경만 그득했네

※ 이 글은 전북PEN문학회 문학기행, 2017. 5. 20일에 씀.

터전 가꾸기

파랗게 돋아나는 새싹 한 촉
미지를 들여다보며
이름 밝혀지기까지 함께 자라고

몇 뼘 크기의 빈 땅 보이면
어울리는 그림 앉히기라도 하듯
화초 포기 포기 나누어 옮겨 심고

작은 묘목 움도 트기 전인데
그럴싸하게 수형 잡으려고
허공을 마름질해 나가는 가위질

모두가
속속들이 내 것 되어
영영세세 행복의 보금자리로
이어지기를 바라는 뜻

튼실하게 시치미 다는 일로
마음 바탕엔
벌써 차고 넘치는 기쁨

바뀌는 질서 속에서

전후 고저에서 좌우 수평
일렬종대에서
일렬횡대로 바뀌었으니

섬진강 오백 리 물줄기
예나 지금이나 북에서 남으로 흐르건만
그런 질서쯤은 아랑곳없이
굽어보는 둔덕에 한꺼번에 피어버린 꽃들

구례 산동에서 화개장터 지나 광양에 이르기까지
산수유 개나리 진달래 매화 벚꽃 배꽃 살구꽃
틈새에 곁들인 목련까지
한바탕 흐드러졌다

만물의 영장마저 이렇게 헷갈리는데
단물 찍어먹은 보상으로
열심히 암술 수술 꽃가루 접합하는
벌 나비들은 오죽하리라고

피아골 골짜기
쓰린 아픔 안고 산화한 채
서로 화해하며 잊고 살자는 묵언의 다짐
혹여 와장창 깨어질까
엉뚱한 기우로 가쁜 호흡을 가다듬는다

포로

희디흰 빛으로 예쁜 꽃 피었다고
앙증스레 열매 맺었다고
입안 가득 궁굴려 익힌 네 이름
블루베리

먼 먼 나라 아메리카에서 출발하여
낯선 고비 수없이 넘기고
이곳에 어렵사리 터 잡은 너를
스스럼없이 곁에 들였지

더 높고 깊은 산속을 향해
뒤 부름에 귀 종그리며 헛디딤을 떼는
정금*의 안쓰러운 뒷모습이 눈에 밟혀
상큼한 향에 젖은 혀끝을 닦아내보지만

나의 미뢰味蕾는 벌써 너의 포로

우리 것 지키려는 손발 꽁꽁 묶어놓고
남의 것이다 하면

그저 죽고 못 사는 사사건건들
어찌 블루베리에 한하랴

---

* 정금 : 정금나무Oldham Blueberry. 조가리나무, 종가리나무, 코리안 블루베리, 말방울나무 / 진달래과 / 산앵두나무 속

옥정호 물줄기 되어

갈무리한 다섯 웅덩이의 물
꿈속에 제각기 파놓은 도랑을 타고
같은 방향으로 졸졸 흘러내리다가
한데 모여 이룬 맑고 푸른 옥정호

'사라진 흔적 가슴에 새기며'*
가슴 쓰린 비문을 경 읽듯 읊조리다가
잊자 잊자 잊으며 살자
먼 먼 남해로 흘러가는 섬진강 물줄기

새로운 만남 이루어지는 자리에 따라
씨눈 하나 틔우고
벙긋 한 송이 꽃 피워내고
정 뚝뚝 듣는 재치들 강둑을 따라
찬란한 깃발을 세우며 아픔을 달랬다

오늘은 새삼
깊은 산 지심을 뚫고
큰 낙차로 떨어지는 운암발전소 물길 되어

침전한 앙금마저 속 시원히 쏟아버리고
동진강의 시원始原이 된 후련함에 보내는 갈채

쓰라림 딛고
알게 모르게 도처에 피어난 기쁨
다섯이 하나 된 굵은 기도가
옥정호 물줄기에 업혔다

---

* 전북 임실 운암에 옥정호가 생김으로 고향을 잃은, 수몰민의 아픔을 달래기 위해 세운 망향비의 비문 제목 -'봄향 김춘자' 시인의 작품.

종이꽃Paper flower

앙상한 나뭇가지에
나비 몇 마리 팔락팔락 날아와
찰싹 달라붙은 모양의 꽃
부겐베리아Bougainvillea

붉은색 분홍색 자주색 노란색 흰색
제 원하는 빛깔 하나 골라
작은 꽃 감싸고 있는 물기 마른 포엽苞葉
저 예쁜 종이꽃Paper flower

그래도 잎이 먼저 피어야
제 격인 거라고 우기고 있는
숱한 화초들 앞에 버티더니

물기 하나 없이 바짝 마른 가지에
파릇파릇 이파리 틔워내고 만
저 후렴

꽃 감싸고 있던

나비 모양 색종이에
촉촉한 물기 번져가고 있는
부겐베리아

면면히 흐르는 젖줄

여기
전라북도 여린 백성을 먹여 살리며
비옥한 역사를 짙게 쓰는 젖줄이 있나니

완주군 동상면 사봉리 밤샘에서 발원하여
첩첩 골짜기의 푸른 정기 골골이 녹인 고산천과
송광사 독경소리 고이 품은 소양천 물줄기에
임실 슬치와 어머니 산 모악母岳에서 발원하여
'온전한 고을'[全州]을 알천으로 빚으려고
밤과 낮을 가림 없이 흐르는 전주천과 삼천
소리 없이 합수한 뒤 새만금의 젖줄이 된
만경강萬頃江

정읍 내장산 까치샘에서 발원한 정읍천이
철새들의 꿈 엮는 동림저수지 물길 한데 모으고
옥정호 땅속 뚫은 물 그 낙차의 힘으로
운암발전소 터빈 돌리고도 힘차게 흐르는 칠보 물
호남평야의 젖줄로서 소임 다하고도 힘이 남아
새만금의 꿈을 넉넉히 키워내는

동진강東津江

장수 신무산 뜬봉샘에서 발원한 맑은 물
용담호로 한 매듭지었다가
전라 · 충청 온 백성 마시는 생명수 되고
저 쓰린 백제 역사 조용조용 다독이고도
서해바다로 도도히 흐름을 이어가는
금강錦江

진안 천상데미봉 데미샘에서 발원한 싱그러운 물
마령 평지 들을 촉촉이 젖먹이고도 힘이 남아
옥정호로 소곤대다가 남으로 발길 서두르는 행보
지리산 정기 품은 남원 요천과 합수한 뒤
전라와 경상 나눔 없이 벚굴과 재첩을 함께 키우는
섬진강蟾津江

전북인의 뜨거운 박동
울컥울컥 솟구치게 하는 대동맥
만경강萬頃江 동진강東津江 금강錦江 섬진강蟾津江

눈 감아도 보이고
귀 닫아도 들리는
우리 생명 샘의 도도한 흐름이여

노거수를 뵙다

350세로도 한국전쟁을 비껴가시고
오늘 이제 417세 자셨겄다

풍채를 보아하니
몇 대 할아버지쯤 되시겄다

고목나무에 매미 달라붙듯
매달려 어리광을 부리지만
미동도 없으시다

거대한 산을 품은 듯
세찬 폭풍을 집어삼킨 듯
구름 몇 채를 이고 있는 듯

가벼이 묵상할 때
뒷머리를 쓰다듬어 주시겄다

※ 이 글은 2017. 10. 30일에 씀.

본연 견주기

우리의 이름은
너희에게 필요할 뿐

‘지면패랭이꽃’이건 ‘송엽국’이건
우리들은 환히 꽃 피운 고운 자태로
벌 나비 부르고
그도 아니면 바람자락이라도 불러
실하게 익힌 씨로
지경 넓히며 대를 이어가면 그만

‘광릉요강꽃’ ‘화냥년속곳가랑이’ ‘도깨비방망이’
심지어 ‘며느리밑씻개’라고 불린들
어찌 내 속 지닌 빛과 모양에 흠이 가랴

다투어 피어나는 야생화에 눈길 쏟으며
위장의 갈기 지느러미 꼬리 싹둑 잘라내고
꾸밈 없는 순수 앞에
타고난 본연으로 나란히 서본다

'고래 뿔 산'을 불러 앉힘은

어미 산 모악母岳이
아비 산 경각鯨角을 불러 앉힘은
어찌 가시버시 정 쌓으며 살자는
세속의 흔하디흔한 속셈이랴

온몸 쥐어짜 너른 호남벌에 젖 먹이다가
메마름에 지쳐 허덕이는 날
푸른 바닷물 머금어다가 담수 빚으라는
긍휼의 마음을 담은 것일 터

구이 금평 금천 호湖마다 알차게 비축하고도
고개 너머 동진강과 내통하며
만경강 길고 긴 여정 부단히 이어가나니
우리의 젖줄이요 호흡

모악산의 품도 깊이도 모를
모정 아니랴

태조로 뒤안길에서

황산대첩 전승 깃발 휘날리던 오목대
거기 짙게 담겨 있는
조선 개국의 역사조차 까맣게 모르는
군상들

지금의 전라북도 전라남도 광주광역시 제주도를
관장하던 감영이 있던 곳인을 어찌 알며
후백제의 도읍터로부터
천년을 이어온 도성의 긴긴 역사
어이 알까

묵은 밭 뒤적이다가 깨진 기왓장 맞듯
뜸한 발길로 정적이나 익히며
경기전慶基殿* 뒷골목을 어슬렁거리던
어깨 축 처진 우리들

온고지신의 산실이라고
나라 안팎 곳곳에서 몰려온 남녀노소
겉치장 그럴싸하게 꾸미고

속마음으로 선현들의 뿌리를 파고드니
이 어찌 반기지 않고 배길 수 있으랴

완판본에 고이 담긴 판소리 열두 마당
다 못하면
여섯 마당이라도 새로이 품에 안겨
"이것이 우리 것이여"
홍타령 한바탕 매달아주는 틈새 틈새에

한바탕의 깊은 의미
하나하나 깨우쳐줄 주역으로서 소임
다하고자 하는 뜨거운 속다짐으로
뿌듯한 이 마음

---

* 경기전 : 조선 태조 이성계의 어진(임금의 영정, 즉 초상화)을 모신 곳으로 사적 제339호로 지정됨.

/제2장/ 바람의 결실

제2장
바람의 결실

바다의 밀어

강물은 보일 때만 흐른다
보이지 않을 때는
제자리에 뚝 멈추어 서서
서럽게 우는 연습을 한다

물에 빠진 산도
깊은 밤에는 몰래 고향으로 돌아가
제 부모인 태산준령에게
객지의 서러운 삶을 고한다

받아 안은 바다는
강 닮은 울음을 울기도 하고
산빛 닮은 푸른빛을 띠기도 한다

속속들이 알게 된 건
설움에 겨워
바다의 끝자락을 붙잡고
하얗게 매달렸을 때

나에게만 알려준 그의 귀엣말 때문이다

오래된 도자기

내 안에 그대가 있습니다

어느 누구에게도 비길 수 없는
사랑하는 그대가 있습니다

별이 구름에 가렸다고 해서
반짝임이 시드는 게 아닌 것처럼
눈앞에 보이지 않는다고
뜨거운 마음이 식는 건 아니잖아요

담는 그릇이 낡았다고 얕보지 마세요
그러기에
담김이 더 값질 수도 있으니까요

숱한 시련 다 겪고 나서
꼭 붙잡은 그대가
고스란히 내 안에 있음을

오늘은 끝내
실금을 내고 말았네요

바닷가에서 찾은 봄

새벽녘 이슬 한 모금에
꽃눈 키우는가 싶더니
보굿마냥 단단히 덮인 가슴팍에도
창문이 나서
억눌린 마음 비집어 본다

봄의 전령 싱싱한 주꾸미와 냉이로
흐릿한 마음의 시야마저 씻어내고
격포항 궁항 모항
흠뻑 펴 마신 바닷자락

눈물웃음 흠뻑
옷깃에 남았어도
값진 활력이 되어
속마음에 고이 갈무리한다

생의 언덕 오르기가 한결 부드러워진 숨길

석정*도 부러운 눈빛으로 바라볼
서해바닷가 나들이

와 보니 봄

* 석정 : 시인 신석정 님.

그런 사람

마음속 부러운 사람 하나 있다

인생의 밑바닥 후벼파
스스로 깊은 늪에 빠져 헤어나지 못하는
나무옹이 같은 그런 사람 아니라

들에 나가 김매다가 출출하면
도랑물에 휘휘 손 씻고 들어와
막걸리 한 사발 들이켜고
식은 보리밥 한 덩이 찬물에 뚝뚝 말아
된장에 풋고추 찍어먹는 그런 사람

우스운 일 만나면 함께 너털웃음 웃고
슬픈 일 만나면 장본인보다 더 슬피 우는
어느 자락에도 맺힌 곳 없는
그런 사람

오늘도 나는
그와 닮은 사람이 되기 위해

도시 한 구석에 걸터앉아
각진 모서리를 깎고 있다

사랑

무디어진 사랑의 칼
날 세우려
청마*가 영도**에게 연서 띄운
청마거리의 끝자락 빨간 우체통 앞에 섰다

그 때 그 시절
따갑게 반인의 입에 오르내렸으면서도
끄떡없이 이어지던
그들의 불타는 사랑

끝내 발설하지 못한 채
속으로 끙끙 몸피 불렸던
나의 숱한 짝사랑들
푸른 파도의 어느 고개를 넘고 있는지

황진이와 벽계수의 지순한 사랑
기생 매창과 서얼庶孽*** 유희경의 피 말리던
뼛속 사랑

저만큼 멀리 밀칠지라도

손 뻗으면 닿을 것 같은
일흔넷 괴테와 열아홉 율리케의 열렬한 사랑
그들의 용기가 한없이 부럽고
형석****님이 아흔여섯 나이였을 때
이제는 연애 한번 해보고 싶다던 그의 진솔이
눈앞에 어른거렸다

같은 길을 걸어온 분들의 발자취도
문필의 촉으로 헤집을 수 없는
무능한 자신

윤이상이 펼친 아름다운 소리
전혁림의 곱게 그려낸 그림 앞에서는
더욱 귀먹고 앞 못 볼 수밖에 없어

김춘수의 유품전시관에 진열된

먼지 낀 유품 사이에
아무도 몰래 가만히 끼워놓고
줄달음쳐 도망쳐 오는 발길

※ 이 글은 전주문인협회 통영 문학기행, 2018. 4. 28일에 씀.

---

* 청마 : 시인 유치환의 호.

** 영도 : 청마와 사랑을 나눈 이영도.

*** 서얼 : 서자와 그 자손.

**** 형석 : 철학교수 김형석 (2018년에 99세).

토렴

따뜻한 눈길 머물렀다가
되돌아가며
높이 쌓인 냉기 거두어가고

보드라운 말씨 휘감았다가
부드러이 풀리며
차가운 마음바탕 따뜻이 달구고

끝내 잘 익힌 묵언으로
내 그리움의 바탕에
활활 타오르는 불씨를 댕긴 당신

이런 토렴의 방법도 있느냐고
사양인 듯 탓하고 싶지만
당신의 바람보다 더 뜨거워진 이 마음
벌써 잉걸불로 타오르고 있으니

입술 꼭 여민 채
침묵으로밖에 말할 수 없는
사랑의 토렴

이승 지키기

하얀 두루미 한 마리
물웅덩이에 빨간 다리를 꽂고
실오라기 같은 숨결로
결빙의 순간을 진맥하는 몹시도 차가운 날

노적봉에서 흘러내리는 맑은 정기
청호지에 고스란히 담고 있는 서도마을
그 웃머리 양지에 터 잡아 사는 최명희는
취재수첩과 만년필 고스란히 남겨둔 채
《혼불》의 못다 한 이야기 자료를 찾으러
긴 여행길 떠났다는 비보만
육필원고로 나붓나붓 읊조리고 있었고

내 아끼는 후배 시인 김○기는
자신보다 훨씬 더 사랑했던 제 아내 강○희의
생전의 행보를 비디오테이프로 틀어놓고
제가 갔는지 아내가 갔는지 모를
영별의 이쪽저쪽을 헛디디고 있었네

생과 사
그 칸막이가 어찌나 얇아져버렸던지
저쪽에 가만히 발 한 번 들이어보고 싶은
충동 일어

자신의 남은 생을 꼽작꼽작 헤아리며
가던 길을 서둘러 되짚어오는데
허망의 어두운 그림자
부지런히 뒤쫓아 옴을 감지한지라

남은 자들을 위해 내 할 일을
하나하나 바삐 열거함으로
조금은 더 이승에 있어야 할 사유를
다급히 밝혔더니

여력 모은 석양빛도
저 앞을 환히 비추어주며
천천히 고개를 끄덕이는 것이었다

맑디맑은

사물
이름을 불러주는 순간부터
존재하는 것이라고 했지

맑은 새벽을 맞을 때마다
너의 이름을 조용히 부르고 있으니
벌써 너는 있는 것이겠지만

달/ 불/ 물/ 나무/ 쇠/ 흙 여섯 날 동안
고운 비단에 꽁꽁 싸서
내 마음 저 깊숙한 곳에 갈무리한지라
너는 있고도 없음인지 몰라

크신 이 영접하고 난 혼 맑은 시간
아름다운 한 송이 꽃으로
너를 눈앞에 곱게 피워내고
마주한 눈 안에 눈부처를 그릴 때

보드라운 감사의 보료 위에 마주선

너와 나
또 하나의 새로운 존재로
맑디맑은 우리가 태어나지

바람의 결실

마주친 눈빛
묵묵히 이어지는 건
좋아한다는 것

눈 맞춤 지그시 접고
그 품에 안겨 스러지고 싶다는 건
사랑한다는 것

짙은 촉수로 수없이 노크해도
모르쇠 제 몫만 엮어가던 목석
전신에 퍼지는 온기 끝자락을 타고
입가에 맺히는 하얀 묵음

더 무엇을 바라랴
티 없이 맑고 고운
지고지순한 사랑의 결실인 것을

미완의 그림 한 폭

오지랖 넓은 자세로
하나하나 끝자락에 맺은 열매
제가 가장 사랑받는다는 믿음을 굳혀준 터라
늘어뜨린 길이는 늘 팽팽하다

속마음 깊숙이 갈무리한 정
드러내지 않게 배분함이
어찌 같을까

은근한 정 한결 더 정다워
과녁인 듯 그 하나에 눈빛 꽂으면
정곡 찌른 화살의 끝자락으로
바르르 떠는 울림의 공유

한 폭의 수채화로 굳었을지라도
새록새록 찾아내는 기쁨에
발 멈추듯
오늘도 나는 네 앞에 마음열기를
되풀이하고 있단다

보물창고

책씻이 하는 시집의 뒷자락에서
'어머니'와 이음동의어異音同義語가 된
'구석 밭'을
한바탕 뒤졌습니다

제 마음에 짙게 터 잡고 있는
물외, 개똥참외, 동부, 가지, 사탕수수
어머님이 앞서 전 벌여놓은 먹음새로
초벌 젖을 먹고

끝내 퉁퉁 분 따뜻한 정
흠뻑 받아먹음이
우리들의 피가 되고 살이 되었지요

돌계집[石女]이 활개 치는 세상
모정이 쌕쌕 몸살을 앓고 있지만
어찌 그 깊은 뿌리까지야 넘보겠습니까
어머니

닫아 건 원천의 숨구멍을 열고
멈추었던 물길의 둑을 터서
정에 갈탄 무리들 흠뻑 먹이시어
어지러운 혼돈을 바로 잡아주소서
어머니

돌부처의 푸념

내가 좋아하는 사람이
나를 좋아하는 사람들을 데리고

먼 먼 이국 땅
전파도 쉬 이르지 못하는 곳으로
옮겨가서는

얼마만큼 사랑을 받았는지
얼마만큼 사랑을 주었는지
고비사막에 떨어진 별똥별로 산算을 놓으면서
크게 한 판 전 벌이고 있다고

건듯 불어오는 바람 자락
제가 무슨 월하노인月下老人이라도 되는 양
내 마음 복판에 부싯돌을 치고는
살살 잉걸불 되기를 빌고 있음에

그냥 두라고
마음대로 가지고 놀다가

제 본래 생긴 모양새대로
그 자리에 가져다 놓기만 하면
더 바랄 게 없다고

이렇게 손사래에 실은
너털웃음을 웃는 중이랍니다

앙탈

패혈증은
끝내 심근경색에 이르러
얼굴 위에 죽음의 검은 그림자가
어른거렸다는 사실

이렇게 고비를 넘겼으니 말이지
만일, 만일
입에도 담지 못할 그런 일이 있었다면
이 목숨 부지할 줄 알았단 말인가

백척간두에 선 채
흔들림 당하는 어지러움을 감당할 길 없어
몇 번이나 허벅지를 꼬집어보며
고비 넘긴 이 순간을 품어 안는 마음

이디에도 비할 수 없는 기쁨이지만
아직은 온전한 정신이 제자리를 잡지 못해
허공을 맴돌고 있는
행복의 앙탈

연가 (2)

그대로 하여
꽃은 꽃밭이 되고
별은 별밭이 되었네

그대로 하여
바람은 숨결이 되고
강물은 박동이 되고
파도는 일렁였네

그대로 하여
모남은 둥글어지고
걸림돌은 디딤돌이 되었네

그대는 앞무지개가 되고
나는 뒷무지개로 홍이 났네

살 만한 세상살이
시와 노래로 곱게 엮어
드릴 임 곁에 있으니
천지가 꽃이고 별이고 빛이네

/제3장/ 해거름의 단상

제3장
해거름의 단상

그늘

하늘에 뜬 방패연이고 싶었지

사나운 바람쯤
복판에 뚫린 동그란 구멍으로
앙금 없이 흘려보내고
꿈을 향해 더 높이 비상하는

발아래쯤이야
마냥 오만하다가
제 근본을 망각하고 거들먹거리는
연鳶이 되고 말았지

해 뉘엿거리고
비바람 몰아와 더 지탱할 수 없는
막다름에 이르고서야

36.5°의 온기가 뚫리는 물관
그리고 부단한 성원
한 줄기 이어진 생명선 아니고서는

존재할 수 없음을 깨닫지

곤두박질친 연만이랴
회오에 젖은 내 고단한 심신이
바로 물먹은 연鳶인 것을

빈들에 서다

허울일지라도

곱게 단장한 얼굴이며
풀기 그대로 남은 흰 와이셔츠
그 무엇보다도
참새 떼들을 단숨에 제압할 눈빛
온 들판이 자신의 위용 앞에 굽실거렸는데

따가운 햇살 품어 안은 벼 알맹이들
똑똑 여물어
볏짚마저 통째 거느리고 훌훌 떠나감에
고스란히 드러나 버린 몰골

눈썹도 없는 빛바랜 눈 화장이며
모자마저 바람의 밑씻개로 날아가 버린
암 치료 받는 민대머리
동남아의 오토바이 탄 무리들의 윗옷처럼
등 복판 앞으로 입은 꼴사나움도 그렇거니와

아랫도리 홀랑 벗은 채
의지할 곳 없이 외나무로 서있던 다리
당장 꺾일 것만 같은 무릎 관절의 통증
더는 버틸 수 없는 허 수 아 비

오늘은
내가 왜 그와 자꾸만 환치되고 있는지
휑하게 뚫린 가슴 복판으로
찬바람만 빠르게 지나가고 있다

피에로의 춤사위

한 방울의 이슬도 놓치지 않는
모하비사막의 여호수아마냥
온갖 경험을 정연하게 꿰어놓은 삶의 족적

어디에도 비할 수 없는
만족으로 굳어버린 바윗돌
자기도취라는 걸 까맣게 모르고 있는 것인지
알면서도 일부러 그러는 것인지

오늘도
제 가진 모두를 들추어
찬연한 레퍼토리를 익숙하게 굴려나갔다

시청자는
점철한 시간이 통째 보석덩어리라고
부르는 값보다 훨씬 높은 값으로 받아들이며
이르는 말보다 더 짙게 주억거린다

어쩌면

언제 어디에서도 찾을 수 없는
진짜 보석일지 모른다는 회의로
피에로는 오늘도
만족한 춤사위를 이어가고 있는 것

맹구부목*

없다
난생卵生이라지만
아예 부모의 보살핌은 없다
모래사장에서
홀로 껍질을 깨고 태어나는 새끼 거북이

외부 온도의 높낮이에
암컷 수컷의 결정을 맡긴 채
훤히 짚이는 위대한 창조의 힘을 우러러
빚어지는 생명

지상명령을 따라 바다를 향해 줄달음치는 길
큰 동족의 몸에 깔려 죽고
새에게 짐승에게 잡아먹히고
물에 이르렀다 해도 다시 물고기의 밥이 되니
벗어나고 또 벗어나 살아남은 1000분의 1의 생존율
이는 생존경쟁이라는 말도 붙일 수 없다

그렇구나

네 생명이 그렇게 긴 것은
한 날 한 시에 함께 태어났다가 사라져버린
네 형제자매의 쓰린 명줄을
한 데 잇고 또 이은 것이었구나

그러고도 알을 낳을 때가 되면
몇 천 km를 헤엄쳐
자신이 태어난 바닷가를 다시 찾아오는 너
어렵사리 부지한 간당간당한 생명
그 어디에 묻어둔 쓰린 기억이더냐

이 사실을 더듬다가
맹구부목盲龜浮木이 과장이 아니라
얼마든지 그럴 수 있겠다는 믿음이
솔깃이 일었다

---

* 맹구부목 : 백 년 만에 한 번씩 바다 표면에 떠오르는 눈먼 거북이. 떠도는 나무판자의 작은 구멍을 만난다는 뜻으로, 만나기가 극히 어려운 것, 또는 실현 가능성이 극히 드문 것을 비유한 말.

보은報恩

들숨과 날숨의 번갈음을 흉내라도 낼 양
내렸다 멈췄다 비 내리는 날씨
옥정호 굽어보는 카페 '리체'의 추녀와 나란히
씨줄 날줄로 허공을 엮고 있는 제비 떼

새끼들에게 강남 갈 비행을 가르치는 것이겠지
먼 옛날의 그리움에 짙게 눈빛 꽂고 바라보니
'앵매기'라고 '귀제비'라고 불리는 제비의 아류
두어라 고운 추억 가져다주었으면 족한 것

또 아는가
연미복 차려 입은 제비의 보은지례報恩之禮 고이 배워
제 둥우리 안에
반혼석返魂石 하나 고이 빚어 두었는지

난산하는 산모의 손에 쥐어져 순산을 돕고
죽은 자의 손에 쥐어져 혼이 돌아오게 하는
인생의 맨 처음과 맨 나중을 깊이 익히며
모난 돌멩이 모서리 갈고 닦으며 온기 고이 담느라

품은 가슴의 깃털은 얼마나 닳았으랴

큰 은혜 받은 데서부터 시작할까
작은 은혜 받은 데서부터 시작할까
은혜 갚아 나갈 순서를 챙기느라
후드득후드득 내리는 빗줄기 속을 그냥 걸었다

어느 대필

시내로 나가는 자동차의 보닛 위에
무임승차한 여치 한 마리

어디 가는 길이냐고
몇 번을 물어도 붙든 손만 오그려 쥔 채
긴 더듬이조차 움직임이 없다

백지 위에
풀숲에서 곱게 익힌 노랫가락
도시인의 귓전에 배달하러 가는 길이라고
그럴싸하게 적어본다

내릴 곳이 어디냐고 물어도
역시 대답이 없다

남은 백지 위에 이어서 쓰는 대필
도시 귀퉁이에서 울어대던 매미
위로하러 가는 길이니
너무 걱정하지 말라고 써본다

빨간 버튼도 누르지 않고 하차해버린 그 순간까지
온 마음 쏟아 지켜보다가
내가 지금 무엇 때문에 어디로 가고 있는지
까맣게 망각했다

돌아올 길
졸졸 찾아오려고
실오라기로 늘인 멜로디
나의 허탈을 감싸주는 포근한 행보

해거름의 단상

열한 겹의 사랑을 담은 목각인형
속 깊은 곳에 있는 것부터 하나하나
버려나갔다

이제는 한 겹 허울만 남았는데도
속이 보이지 않는 그날과 똑같아서
더 안쓰러워지는 눈길

스치는 바람
둥둥 공허를 불러낼까 오금이 저려도
목각인형 볼록한 배처럼
태연하다

붉은 광장 굼 백화점 진열대 위
뽀얀 털 세운 너
처음 만났던 인연
이제는 시력보다 더 가물가물한 기억
눈을 비벼도 보이지 않는다

버려진 인형처럼
가벼운 심신으로 눅눅한 뒤안길로 접어들 때
해거름이 그림 한 장처럼
긴 어둠의 휘장을 끌어당기고 있었다

닫을 수 없는 귀

눈을 감고
입을 봉하고
두문불출 차단하고 있어도
귀에 들려오는 자신의 깊은 한숨

오직 외줄기이어서 굵어진 기도
끝자락에 맺히는 백색소음*마냥
어렴풋이 들려오는 빛 머금은 소리

오늘따라
가장 먼저 열리고 가장 늦게 닫히는
청각의 고마움을 디디고

'눈은 우리를 바깥세계로 가져가고
귀는 세계를 인간에게로 가져온다.'는
그**의 밝힘에
소리 없이 고개를 끄덕이고 있다

* 백색소음 : 넓은 주파수 범위에서 거의 일정한 주파수 스펙트럼을 가지는 신호로 특정한 청각패턴을 갖지 않고 단지 전체적인 소음레벨로써 받아들이는 소음. 태아가 엄마의 자궁 속에서 듣는 소리도 이에 속한다.

** 로렌츠 오킨Lorentz Orkin : 과학자, 철학자. 정신건강에 있어서도 '침묵의 소리'는 그에 상응하는 보답을 베푼다고 주장함.

하숙생

“인생은 나그네 길
어디서 왔다가 어디로 가는가?”

한 많은 이 민족의 가슴 가슴에
짙은 정
골수에 맺힌 아픔을 어르고 달래더니

“구름이 흘러가듯
정처 없이 흘러서 간다.”며
‘어디로 가는’ 것인가를
분명히 알고 싶어 떠나신 것이지요

앞 뜰 둑 아지랑이처럼
시냇물에 피어나는 물안개처럼
삶의 의미를 가장 짧고 쉽게 풀이하더니

구둔 재물 쌓은 명예 고스란히 챙겨들고
밀린 하숙비 내려고 떠나셨나요
당신의 떼는 걸음 바름바름 따라가면

무거운 짐 내려놓을 수 있는
그곳에 닿을까요

※「하숙생」 가수 최희준 별세한 날에 씀. 2018. 8. 25.

땅따먹기

광복은
꿈에도 생각지 못하던
그 굴욕의 왜놈 세상 끝 무렵

추상명사로 갈래 탈
나라 민족 전쟁 등등이 무엇인지도 모르는
가랑이 터진 바지 겨우 바꾸어 입은
철부지들

농정 마루 밑
먼지투성이 땅바닥에 쪼그리고 앉아
누런 코를 훌쩍여대며
땅따먹기에 열을 올리고 있었지

제 몫의 땅 한 뼘
더 늘리면 어디에 쓴다고
쭉 편 손가락 끝에 가져다 댄 사금파리
비스듬히 눕혀 진하게 금을 긋다가

땅거미 눈밑까지 짙어져
새끼들 불러대는 엄마들의 목소리
굴뚝 연기 타고 날아오면
국경선도 보이지 않는 제 아까운 영토를
누가 밟을까 뭉갤까
눈꼬리에 걸어둔 채 저녁을 뒤척인다

가을 비곡

매끄러운 담벼락을 타고 오르는
담쟁이덩굴

힘 솟구치던 한여름 젊은 날에야
붙잡는 조건쯤 아랑곳하지 않던
덩굴손의 악력

기력 쇠한 늦가을 되고 보니
하나하나가 장애요 난관인지라
신열 일어 낮과 밤 가릴 것 없이
쌕쌕 앓고 있는 신음소리

닳아진 손끝에서 뚝뚝 듣는 피
이파리 한 잎 한 잎 붉게 물들이며
어디까지로 금년을 마무리하고
다시 출발할 내년을 기약해야 할지
갈탄 목마름이 온몸에 번졌다

기우는 쇠락을 안타까워하며

지켜보는 마음 붉게 따라 물든 채
뒷걸음치는 짠한 발걸음

고비는 늘
변화의 치적을 쌓아야 직성이 풀리는 것을
어찌 모르랴마는

어제의 저울 위에 올려놓은 오늘

병자호란의 끝자락
한 달 보름을 버티던 남한산성을 나온 인조임금
눈보라 휘몰아치던 삼전도三田渡에 이르러
삼배구고두三拜九叩頭*로 항복문서 바치기까지

'죽어서 맞는 삶'**이 옳다
'살아서 맞는 죽음'***이 옳다
팽팽하게 맞서던 두 갈래의 주장
긴 세월은 어떤 판가름을 냈을까

한 편의 영화 「남한산성」
그 깊은 늪에서 어렵게 빠져나온 자신
누가 옆에서 똑같은 질문 던질까보아
액셀러레이터에 힘을 주는데

'그날의 항복문서 지금도 못 찾았다면서요?'
앞을 가로막는 두터운 절벽
어느 누구도 탓하지 못할 비통의 늪에
끝내 자신을 던지고 말았다

* 삼배구고두 : 세 번 절하고 아홉 번 고개를 조아림.

** 죽어서 맞는 삶 : 병자호란 때 절개를 굳거니 지켜야 한다는 호조판서 김상헌을 중심으로 한 척화파의 주장.

*** 살아서 맞는 죽음 : 병자호란 때 현실론을 주장한 이조판서 최명길을 중심으로 한 주화파의 주장.

뗏집*의 전설

두승산 아래 양천陽川마을

동구의 임자 없는 한 뼘 밭뙈기에
어렵게 빚은 뗏집 한 채
뒷벽 가운데에 뚫은 봉창으로
달이며 별이 다 드나들었다

집주인 '뒷개양반'과 '뒷개댁'
아들만 내리 다섯을 낳았는데
약삭빠르기가 길고양이보다 한 수 위라서
먹고 자는 일은 걱정이 없었다

인민군들이 남침하기 훨씬 전
땅바닥에 은근슬쩍 인공기를 그려 보이더니
하루아침에 불쑥 공산치하가 되자
붉은 완장을 찬 서슬 퍼런 '뒷개양반'
알짜배기 우리 텃논의 새를 보러 나섰다

물길 터지듯 단숨에 찾아온 수복

빨치산 된 큰아들은 순창 회문산에서 죽고
의경 된 작은아들은 공비토벌하다 병신 되고
시름시름 앓던 '뒷개양반'은
상여도 없이 뒷산의 된비알에 눕고 말았다

지금은 그 뗏집 찾을 수 없어도
양천마을에는
쓰리디 쓰린 전설이 이어오고 있다.

---

* 뗏집 : 뗏장으로 지은 오두막.

반추

햇볕이 더 따뜻하고
고추잠자리 그늘 서늘한 초가을
어느 날보다 훨씬 뚜렷한 날

추진 기억일랑 말끔히 씻어낸 추억
한아름 안고 다가온 이
나의 바람보다 더 정갈하게 그린 그림
눈앞에 좌르르 펼쳐낸다

바람결에 바싹 갈탄 마음의 틈새
촉촉이 스미는 물기
새로운 피돌기가 시작되었지만
하늘 오르려다 떨어진 이무기의 골병처럼
용케도 참았던 욕망들이 고개를 든다

고이 다독인 본바탕을 되찾으려면
죄도 없는 몸뚱이 얼마나 닦달해야 할까
하늘 씻는 구름의 뒷자락을
물끄러미 따라가 보는 이 짠한 마음

제4장
경륜 값 매기기

기쁨의 덫

어둑새벽
또릿또릿 들려주는 천상의 목소리
바람에 구름 몰리는 소리
놓침 없이 받아 적는 귀

남은 빛 빠끔거리며 나누어 먹는
밤하늘 별들의 입놀림
지켜보는 재미

긴 문장을 대신하고도 남을
잘 어울리는 이모티콘 하나 찾아 보내고
입꼬리에 걸린 미소의
각도를 재는 재미

자판기에 종이돈 넣고 나서
캔 굴러떨어지는 둔탁한 소리보다
잔돈 떨어지는 동전 소리가 좋아
나의 가짐을 소진하는 재미

그냥 좋은 이들과 커피숍에 앉아
전신에 배어드는 커피 향 속
삶의 윤활유 될 재미있는 이야기 떠올리느라
묵정밭을 샅샅이 뒤지는 재미

TV 속「세계여행」의 아름다운 풍광을 짚으며
저 젊은 시절 가보았던 곳 바로 거기라고
추억의 고샅길에 흠뻑 빠지는 재미

이런 헤아릴 수 없는 소소한 것들이
내 영혼을 살찌우고 있답니다

두승산을 우러러

호납 삼신산 중 영주산
말[斗]과 되[升] 두승산*

칠산바다 뱃전의 파랑새로 두승산을 바라보면
금계포란형金鷄抱卵形 명당이 보이고
이웃 부안 봉래산(변산) 고창 방장산과 어울린
삼각형 안에 위대한 인물 난다는
오랫동안 전해온 풍수지리설

벌써 그 복판에 튼실하게 태어나서
'큰 바위 얼굴' 바라보는 어니스트**같이
붉은 해를 끌어올리는 두승산을 우러르며
백두白頭를 조아리기에 이른 영주瀛州***

이 고장 봉래蓬萊 방장方丈 영주瀛州 삼신산이
어찌 어느 한 사람을 위한 존재이랴
벌써 이 영산의 정기 이어받아 불끈 일어선
동학농민들의 함성이 들리지 않느냐
우리 전북을 만방에 떨칠 영산 두승산

영원불변 우리들의 자랑이요 수호신인 게지

전북인이여
오대양 육대주가 들썩일 때까지
호남평야의 풍요를 노래 부르며
우리들의 긍지 저 하늘에 상달하러
사방팔방 툭 트인 두승산에 오르자

---

* 두승산 : 정읍 고부에 위치한 해발 444m의 산. 호남평야의 복판에 우뚝 솟아 있어 영주산이라 일컬음.

** 어니스트 : 너새니얼 호손이 쓴 소설. 『큰 바위 얼굴Great Stone Face』의 주인공 이름.

*** 영주瀛州 : 시인 김계식의 호.

경륜 값 매기기

궂은 날
모시옷 곱게 차려 입으신 할아버지
마루 끝에 서서
헛기침 몇 번 하늘에 날리니
동녘 하늘에 쌍무지개가 떴다

처마 끝자락에
제비 낮게 나는 날
할아버지 손꼽아
스물도 다 못 세었는데
맞바람 휘휘 불며 이슬비를 흩뿌렸다

할아버지 쌓은 경륜은 보이지 않고
눈앞에 일어난 신통함만
훤히 보여
나도 어서 할아버지가 되고 싶은 마음

어린 손주
할아버지 닮은 뒷짐을 지고

토방에 졸고 있는
토실한 강아지를 불러 세운다

친親

어머니
올 어버이날에도
난 어머니 등에 업힌 아이가 됩니다

마음 상하실 때마다
저를 등에 업으시고

대문 앞 고샅길을 소리 없이 걸으시며
울타리 타고 오르는 나팔꽃에서
노랗게 활짝 핀 호박꽃으로 눈길 돌리시고
등에 업힌 저를 추켜올리시며
튼실한 열매 만드시는 어머님이셨습니다

어머니
오늘도 이렇게 어머님을 그리워하는 걸 보니
삶이 만만치 않은가 봅니다만
이제 하늘처럼 의연하게
앞길 막는 가시덤불쯤 고이 걷어내려 합니다

자라면서 수없이 들었던
어머님이 걸으셨던 짠한 삶의 길
훤히 저의 것으로 새긴 지 오래라서
돌쟁이로 돌아가도 그 마음 밝히 읽습니다

옥수수

밭두렁 가 경계선쯤에
스위스 병정처럼 한 줄로 우뚝 서서
바람이나 사각사각 가르다가
열매 어설프게 등에 매단 옥수수

위로 난 수염이 축 늘어지고
몸뚱이와 별리를 내비칠 때쯤
해거름 일 마친 소쿠리에 담겨온
한 계절이 수북한 강냉이

수염 뽑히고
겉치마 속치마 다 벗겨진 알몸뚱이를 보면
시장기가 돌았지

새 보러 가는 단발머리 소녀의 새참
할아버지 등 긁는 도구
깡마른 줄기로 엮어 세운 울타리
윤기 흐르는 추억은 찾을 길 없던 그 옥수수

아무도 모르게 야학이라도 했던지
'대학찰옥수수'로 괄목상대하게 변신하여
버려지던 수염까지
만천하에 이름을 날리게 되었지

정립鼎立 (2)

저는
테트라포드tetrapod*올시다
네 발 달린 불균형한 못난이 같아도
가장 균형 잡힌 정립鼎立의 표징이올시다

힘차게 땅 디딘 삼발이기만 하면
어찌 겁 없이 자랑의 필설을 펴오리까
셋으로 고루 떠받친 또 하나의 우뚝한 뿔
언제나 위를 향한 희망이 있기 때문이올시다

어려운 난관에 봉착하여
나락으로 굴러 떨어진다 해도
세 발은 언제나 튼실하게 지평을 디디고
나머지 하나를 우뚝 내세움이요

같은 모양의 이웃을 만나면
어깨 꼭 끌어안고 반기는 심신

밀려오는 파도쯤 끄떡없이 막아내는
위력의 소유자

그런 테트라포드올시다

---

* tetrapod : 중심에서 사방으로 네 개의 발이 나와 있는 콘크리트 블록. 프랑스에서 발명한 것으로, 방파제나 강바닥을 보호하는 데 쓰인다.

부사의 날개에 올라

하늘에 선 긋는
백로의 깃털 자국을 뒤따르다가
문득

허공을 휘젓는
까마귀들의 세월 엮음을 바라보다가
벌써

학의 고매 우러르다
마주친 눈빛 숨길 수 없어서
깜짝

세속의 구렁텅이에 빠지기 직전
오싹 진저리치며 붙잡은
하마터면

나열된 '부사'들의 날개에 올라
제자리 정립할 수 있음에
아무도 몰래 올리는 감사

국사봉을 우러러

- 〈지리산 문학관 십 주년 시조집〉 12자를 두운으로

지혜로 고이 익힌 고고한 짙은 향을
이곳저곳 나눔 하다 한곳에 모았으니
산하에 더 길한 봉우리 그 어디에 있을까

문하생 한 눈길로 사봉*의 뜻 우러름에
학문의 큰 가르침 또록또록 열매 맺네
관심이 곱게 빚어낸 우리 민족 배움터

십 년이 한 꿰미로 고이 엮인 굳센 의지
주와 객 한 뜻으로 꿈의 산실 이룩했네
연년이 포개질수록 귀한 보배 빛나리

시대가 변하여도 질기게 이어온 얼
조상의 면면한 삶 깊게 담긴 그릇일세
집마다 읊는 시조로 밝은 내일 열리리

---

* 사봉史峰 : 시조시인 장순하 님의 호.

야! 손가락이 열 개다

설렌다

꿈을 그려내기 위해
심신을 다 쏟아 부은지라
정말 바라는 대로 빚어졌을까

있어야 할 것 다 있고
모두가 다 제자리에 놓여
더 커지거나 더 작아지지 않고
제대로 균형은 잡혔을까

겪어보지 못하고 겉귀로 듣기만 했던
산모의 설렘과 두려움에 깊이 빠져
헤어나지 못하고 뚝 발 멈춘 순간

분신은
제가 나를 위로하기라도 할 양
밝은 미소 띤 채
나의 품에 덥석 안기는 것이었다

도사린 설렘 하나하나 씻어낸 자리
흐뭇함을 안기는 안도
어디인지도 모르게
코끝에 스며드는 꽃향기

산모는
참 오랜만에
'손가락이 열 개다' 속 중얼거리며
깊은 잠에 빠지는 평안

※ 이 글은 제2 시선집『청경우독』출간일 2018. 3. 30에 씀.

홍해 갈라지다

태중에 1%도 살 수 없다는 사망선고
그 생명 이어지기를 바라는 기도로 태어나
대뇌의 70% 소뇌의 90%를 잘라낸 뒤
지적장애 지체장애 시각장애에
한쪽 귀도 제대로 들리지 않는 아이
기도로 받은 소년 박모세

어머니의 손길로 이어진 외줄기 호흡
제 심신을 쥐어짜
천사의 환한 표정으로
천상의 목소리로
「사랑을 위하여」를 들려준다

삶을 깊이 관조하며 사시는 노 시인님
손등으로 눈물 문질러 닦으며
코맹맹이 목소리로 이르시는 말씀
"모세가 장애자가 아니라 내가 장애자네"

소원이 무어냐고 묻는 아나운서의 말에

무거운 침묵으로 마음 졸이게 한 뒤
자신의 희망보다도
'여기 계신 모든 분들이 새해 복 많이 받기를 바란다.'
는 인사의 말

보는 것 듣는 것 먹는 것 모두가 다
모세 앞에 홍해 쩍 갈라지듯
가슴이 먹먹하였네

바라봄의 각도

옥수수 · 호밀 · 귀리 · 보리
제 열매를 익히기 위해
온 기운과 정성 쏟아 부을 즈음

파랗게 잘리는 아픔을
곱게 뭉뚱그려
청예사료靑刈飼料라는 이름으로
포장함을 보았지

누렇게 익은 벼
훑었다 싶었는데
그 알곡들
낮은 수매가에 목 매달릴 즈음

잘린 포기 위에 질펀하게 누워
고이 말라가던 볏짚들
가축의 사료로 둘둘 말리는
값비싼 흰 뭉치들의 위용

부단한 세월 흐름도 한 번쯤은
거슬러 흐르고 싶었을 게고
모든 주主와 부副도 한 번쯤은
자리바꿈하고 싶을 게라고

내 선 곳의 높음과 낮음
그리고 단단함과 무름을 진맥하기 위해
바라봄의 각도를
이리저리 굴리고 있는 이 시간

더 낮게 내려앉기

남다른 시력과 색감에
익숙하게 써 오던 파스텔로
어울리는 나이테를 곱게 앉히려는데
심신의 고통에 턱턱 걸려 엇나간다

빗나간 것들 몇 개의 옹이로 내보내고
다시 다잡아보지만
마음이 안긴 고비만은 넘기기 힘이 들어
하얀 바닥을 온통 범벅치고 있다

굵고 진한 나이테
단번에 그려내어
수직상승한 자신의 모습을 내보이고 싶은
과한 욕심이 도진 탓임을 깨닫고

물 흐름에 몸 맡긴 돌멩이로
절차를 섞바꾸지 않는 삶의 자세로
자신을 고쳐 세우기 위해
주어진 내 몫의 시공마저 가만히 내려놓는다

익은 정

엄지와 검지로
조심스레 집어서
헤벌어진 입안의 혀끝에 대보는
황새기젓갈 맛

염분 섭취 운운하는 건 호사가의 사치
따끈한 밥술 위에 척 얹어먹는
그 맛이라니
향수에 젖은 감칠맛이 소복하다

배부른 고양이 눈 지그시 감듯 졸음 밀려오면
조기 떼 몰려든다는 칠산바다
푸른 물결 출렁댐을 배경으로
옛 우리 가족들의 얼굴이 곱게 떠오를 것

정과 함께 고이 받은 이 황새기젓갈
제 소임 다해 주었으면
참 좋겠다는 생각

용광로

도리뱅뱅이를 위해 붙잡혀 온
갖가지 모양의 멸치들
순종이 가장 큰 미덕

온 길을 되짚고 되짚어
바닷속 유영하던 시간으로 돌아가길
어찌 바라지 않으랴마는

이 순간만은
비길 수 없는 작품 하나를 빚기 위해
쏟는 열성과 고른 손놀림의 용광로에
제 모든 것 바치는 게 도리

온전히 녹아나서
흐뭇하게 나누어 먹고도
부스러기 열두 광주리를 남길
오병이어五餠二魚*일지니

밝은 내일을 가리키는 지시봉에
고개 끄덕임으로 안게 된
삶의 활력
이제 조곤조곤 기쁨 만끽할 일만 남았네

---

* 오병이어 : 요한복음 6장 1~13절.

/제5장/ 둥근 희망

제5장
둥근 희망

빛을 따르다

초저녁 서쪽 하늘의 개밥바라기로
새벽녘 동쪽 하늘의 샛별로 불리는
유난히도 야무진 금성이라면
얼마나 좋을 것이며

칠흑 어두운 밤
망망대해에서 파도와 싸우는 뱃사공의
등대지기 북극성이면
더할 나위 없겠지만

저 앞 외딴 오두막집
문풍지 울리는 틈새 바람에
후림 당하고 있는 등잔불 빛으로라도

겨울 한복판의 깊은 밤
헐벗고 굶주린 나그네의 앞길
짚어줄 수 있는 불빛이라도 된다면
얼마나 좋을까

꼭 그처럼 쓰일 순간을 위해
지혜 하나하나를 뼈마디에 새기며
그을음이 좀 있으면 어떠랴
관솔이 되어가고 있는 중이라네

무언의 기도

낮밤을 가리지 않고
푹푹 찌는 무더위 속에서도
태상왕* 그 명칭 걸맞게 지켜내려고
토실토실 몸피 불리고 있는 대추

세차게 몰아온다는 태풍 '솔릭'**쯤
한 판 너울춤으로 거뜬히 이겨내라고
꼭지 하나하나를 담금질하는
무언의 기도

언제 그랬었냐는 듯
가을 하늘 아래 펼쳐지는
갖가지 과일들
계절의 완숙을 전 벌일 때

조율이시棗栗梨柿 순서의 사연*** 잘 어울리게
왕의 자리 굳건히 지키는 대추를 필두로

그 뒤 따르는 오곡백과
어려움 이겨낸 보상까지 가산점 되기를
소리 없이 빌고 있었다

---

* 태상왕 : 대추의 종류 중 가장 크고 맛있는 품종 이름.

** 솔릭 : 2018. 8월 우리나라에 불어온 태풍 이름.

*** 조율이시棗栗梨柿 순서의 사연 : 제사상의 과일 진설 때 대추, 밤, 배, 감의 순서로 놓는 것은 그 품은 씨의 숫자가 1(왕), 3(삼정승), 6(육조판서) 8(팔도관찰사)이기 때문이라 함.

길 밝히는 하피첩

겉 드러냄보다 속 깊음을 짚게 하는
저 옛날 조선시대의 유배지
먼 먼 남도 땅 강진

시공을 갈라놓은 별리를
훌쩍 뛰어넘는 사랑의 증표 앞에
아둔한 우리를 멈춰 세웠으니
그 이름 다산 정약용의 하피첩霞帔帖

장롱의 깊은 곳에서
삼십여 년을 지켜낸 여인의 상징
붉은 치마
어찌 아끼는 비단이요 옷에 그치랴

아프고 쓰린 지아비의 사랑을
피눈물로 씹어 삼키며
풍비박산된 가정을 지키고
자식들 올곧게
씨와 날로 올올이 길러냈으니

너머 또 그 너머를
읽고도 남는 남편이요 아비인지라
부인의 시에 차운次韻하여 지은 글귀
획마다 서린 깊은 속마음

마름질한 치맛감에 종이를 붙여 만든
하피첩霞帔帖에
영혼을 담아 짙게 새겼으니
어찌 감히 거저 짚고 가늠할 수 있으랴

선현의 깊은 삶 서늘하게 스며든
귀한 보배
옷섶 여민 숙연함으로 되돌아오는 발길
올곧게 짚어주는
우리 삶의 나침반인 하피첩

새 삶의 요람

신선이 노닐다가　　하늘 오르며
은빛 물결 이랑에　　숨겨둔 지혜
군산 김제 이어서　　부안 땅까지
먹줄을 튕기듯이　　둑을 쌓았지

만경 동진 물줄기　　생명수 되어
방조제 안과 밖에　　빛을 더하니
육지는 육지대로　　쓸모가 있고
바다는 바다대로　　역할이 크다

한 치도 오차 없이　　꿈 엮는 터전
내 뵈는 기술력도　　밝히 빛나는
너른 땅 맑은 호수　　우리의 긍지
자자손손 이어 살　　새 삶의 요람

신시도 배수갑문　　든든함같이
곧게 뻗은 방조제　　올곧음같이
이 민족 밝은 내일　　열리는 소리
오대양 육대주의　　부러움 되리

평안 (2)

묵정밭 뒤지는 쏠쏠한 재미
네 어찌 알랴

비뚤어졌어도 알 터거리 나갔어도
고스란히 품고 있는
사랑 엮은 추억 찾아내는 재미

숨 부지하고 있는 실뿌리 끝
뿌리혹박테리아 튼실하게 얽혀있음에
문득 찾은 첫사랑의 연서마냥
가슴 쿵쿵 뛰며 피어나는 기쁨

오늘도 후진들의 고개 주억거리는
각도를 짚어가며
아무도 모를 먼 먼 뒤안길
평안의 집 사립문을 밀치고 있다

원圓

반지름이 일정한
온전한 원 하나 그리고 싶다

자유와 평등
평등과 자유
같은 비중의 중심점이 둘이라서
그려내는 원마다 타원형이다

두 점의 거리가
가까워지면 가까워질수록
원만한 원의 모양이 이루어짐을
터득한지라

각기 모자란 쪽의 반을 뚝 잘라내고
남은 반씩을 합친 한 점을 중심 삼아
이지러짐 없는 원 하나 그려내자고
끙끙 앓고 있는 산고

이보다

더 값진 고통 어디 있으랴
고고성 울리는 날을 고대하고 있다

온고지신

한 뜻으로 날 세운 보습으로
묵정밭을 갈러 떠난
'歌辭를 품은 가을 여행'*

그 날 그 모습이야
다시 그려낼 수 있을 것이며
미처 거두지 못한 실한 뿌리
찾을 수 있을까마는

네가 내 등을 밀고
내가 네 등을 밀어
어제에서 찾아내는 새로운 내일

외로운 고혼孤魂
커다란 헛기침으로 주변을 울리도록
모처럼 작은 기세를 보태는
작은 씨 뿌림의 발걸음

지는 해 서산을 넘으며

끔뻑
굳은 언약의 눈 맞춤을 폈다

* 歌辭를 품은 가을 여행 : 전북 PEN 문학기행 테마.

신짚 축이다

이어지는 폭염만으로 그랬을까
바스락거리는 소리조차 말라버린 몰골
다리 옮김의 관성으로 한곳에 모여든 여덟
입추의 부름에 응답할 물기조차 없더니

덕유산 깊은 산골짜기
앞 천년 고이 살고 뒤 천년 살고 있는 주목
질긴 나뭇가지 하나로 작살을 빚어
마음속
오래도록 출렁이던 까마득한 바다에서
살진 민어를 붙잡아와

〈묵언하다〉*
신심까지 진하게 곁들임에

물기 머금기 시작하는 신짚으로
제 몸 부드럽게 움직이기 시작하는 무리들
다 잊힌 지난날의 더미 속에서
시치미 단 상식 하나씩을 값진 보답인 양

스스럼없이 내어놓았다

덕성으로 안팎 꽉 채운 삶
전신의 값진 묵언으로 고이 베풀어나감에
메마른 지푸라기들
이제 촉촉이 젖은 질긴 본연 되찾았으니

머지않아
깊은 산에서 너른 바다까지
끊임없이 오가도 닳아짐 없는 짚신 삼아드리는
마음 담은 보상

이르는 곳마다
맑고 밝은 신심 차고 넘치도록 채워서
그 꿈 아름답게 꽃피우고
실한 열매 맺으소서

---

* 〈묵언하다〉 : 소예 전선자 시인의 2017년 출간한 시집 표제.

비익조 (2)

홀로여도 튼실함에
이루고자 함을 위해 훨훨 날았지

험한 산을 넘고 너른 강을 건너고
차가운 세파에 시달리다가
무른 살 다 녹아나고
남은 건 메마른 심신의 옹이

엮이는 게 어찌 쉬운 일이리라고
하여도 이제
외줄기로는 더는 버틸 수 없어
서로 등 기대고 등 기대고
새롭게 꼬는 튼실한 새끼줄

두터운 살갗을 뚫고 전해오는 온기
굵은 동아줄 되리라는 기대로
흐릿한 시야가 맑게 걷혀 앞이 보이고
헝클어진 소리들 고운 음향으로 귀에 들린다

새로이 열린 또 한 세상
비익조로 훨훨 날아오르리

평형

절대값으로야 아무것도 아닌 틈새로
상대값을 쑤셔 넣고는
이렇게 추울 수가 없다고 벌벌 떠는
호들갑

억압의 굴레에서 벗어난 자유
방종의 첩실 집을 번질나게 드나든다 싶더니
여기저기 평등의 쌍 바퀴에 깔리기 시작한
세상의 변화

상구보리上求菩提
한 사람이 더 나은 품위로 오르는
동체이품同體異品이니
붙잡고 늘어져서라도 배워야 하는 거라고

하화중생下化衆生
다른 사람이 다른 품위로 올라가도록 하는
이체이품異體異品이니
중생을 건져내려면 가르쳐야 하는 거라고

배움과 가르침이 병존하면
오죽 좋으랴마는
서로의 머리끄덩이를 틀어잡고 벌이는
피투성이의 난투극

초연한 자세로
모든 뒤틀림 과감히 내려놓고
상대방의 장점만을 들추어
거친 광야를 달리고 너른 강을 건너고
높은 하늘로 비상하는 한 무리

희끗희끗 내뵈는 균형이 무값이다

첫눈에 희망 찍다

첫눈을 맞는 헤아림의 숫자가
나이보다 훨씬 많다고 믿겼습니다

밝은 희망 새로이 안고
병실의 창 너머로 바라보는 첫눈이
차가운 기운 하나도 없는 보료로
따뜻이 감싼다고 느꼈습니다

쌓이고 쌓인 설원 위에
이제 우리는 나란한 두 줄의 발자국
저 종착역에 이를 때까지
어느 한 줄 끊김 없이 똑똑 찍어나갈 것입니다

햇볕 담겨 스러진다고 하여도
발자국으로 새긴 우리 삶의 역사
대지는 오래도록 기억하고 있을 테고
그 자리에서 움트는 새싹에는
우리의 마음 그린 무늬가 찍힐 것을 믿습니다

여보
어서 일어서요
지난 아픔 말끔히 씻어버린 첫눈 위에
똑똑 새로운 희망을 찍으러 나갑시다

시치미 달기

딸깍거림 없는 디딤돌을 놓기까지
지평을 고르고 굄돌을 괴고
높낮이를 맞추는 크고 작은 정성 담은 몸짓

막힘없이 골목 모퉁이를 지나가는 바람
거침없이 낮은 쪽으로 내려서는 물길
눈 감고도 제 집을 찾아가는 고양이처럼
온전히 내 것 만들기 위한 공들임인 것

끝내 시치미를 달고 나서야
깊이 내쉬는 안도의 숨결
놀란 들꽃이 제 모양으로 돌아가고
행인 몇 흘깃 바라봄을 접고 고개를 끄덕인다

설렘 이울고 보폭 익숙해지고 나면
너는 새로운 소속이 됨에
편안한 마음으로 저 앞을 바라볼 것이고
짙은 밤하늘 너의 별에 기쁨을 갈무리할 것이다

늘 이렇게
새로움은 서툶을 먹고 태어나는 것이라는 걸
너도 이제 알아두렴

분양

자신을 분양했습니다

고운 기억들을 불러내고
새로 익힌 것들에 시치미를 달아
이것이 저입니다 하고
한 사람 한 사람 나와의 독대인 양
두터운 각질을 비집고 파고듭니다

뜰에 핀
패랭이 · 송엽국 · 장미 · 원추리 · 매발톱
귀화한 독일붓꽃에 이르기까지
바스러진 자신을 일으켜 세우려는 안달이
고운 마음 바탕에 눈부처가 됩니다

이른 아침 물까치 파닥이는 날갯짓에
간간이 섞이는 꾀꼬리 울음이 자신을 위안하고
짙은 밤 물먹음을 견주는 별들까지
아군들의 숫자를 헤어가고 있으니

이제 분양한 자신
튼실하게 터 잡으리라는 신심
풋 열매로 맺히고 있다는 낭보에
벌써 완숙의 춤사위를 펴고 있습니다.

신군산열도

창공을 훨훨 날고 싶은 마음
바다라도 품어 달래려고
심해 복판을 파고들었다

섬이기를 포기한 오식도 내초도
은근슬쩍 육지 편드는 비응도를 디디고
담수와 해수 물빛 낯설게 가르는
삼십삼km 새만금방조제 첫 배수갑문
신시도에 이르니

변산반도 해창을 향해 줄달음치던 웅혼
여력 남은지라
앞서 고이 잠재운 야미도의 낯빛 그리며
무녀도 · 선유도 · 장자도 챙기고 있다

정열의 붉은 피 굵은 대동맥으로
흘려보내는 새로운 활력
묵은 서러움의 찌꺼기 쪼개고 갈라
바쁘게 밖으로 되내오는 푸른 정맥

이제 고군산열도로 묶인 섬 하나하나
찌든 앙금 맑게 씻어내고
타고난 전설과 품은 경관 환히 불 밝혀
그리던 꿈 활짝 편 신군산열도로의 탄생

새만금방조제
세계의 윗자리 우뚝 솟은 봉우리로
우리의 염원 이루어낸 증좌되리라

/덧붙이는글/

덧붙이는 글

이 시집에 대한 발문이나 해설을 붙이는 것이 합당하겠으나, 여러 권의 시집을 출간하다보니 그 내용이 그 내용이라서, 이 시집에는 발문 대신 스물두 번째 시집(시선집)『청경우독』과 스물네 번째 시집『나이테에 그린 꽃무늬』를 읽은 뒤 소감과 더불어 찬사를 보내준 왕태삼 시인님의 글을 그대로 옮기고, 아울러 스물네 번째 시집『나이테에 그린 꽃무늬』에 대한 해설을 써준 안도 회장님의 글을 여기에 신습니다.

영주 선생님! 『晴耕雨讀』 상재를 진심으로 축하드립니다

보낸 사람 : 왕태삼 〈wang1727@hanmail.net〉

보낸 날짜 : 2018. 04. 11 (수)

영주 선생님

팔순노래 시선집 『晴耕雨讀』 상재를 진심으로 축하드립니다.

팔색조가 제 눈앞에서 찬송가를 부르듯, 상사몽을 그리듯, 댓잎소리를 내듯….

그 분별할 수 없는 는개의 메아리로 귓전에 울립니다.

동그란 감옥의 두 눈을 가진 소의 근면과, 초롱한 별의 지혜와,

백석시인의 흰당나귀보다 하얀 마음에 낭만을 싣고 가는 한 실존을 목도합니다.

그 하늘 아래 함께 있는 저도 응앙응앙 울고요.

〈대나무는 어울려 산다〉

산에는 나무들이, 들에는 들풀들이, 빌딩숲에는 사람들이, 우주에는 삼라만상이

아침이면 서로 부비다 저녁이 오면 제자리로 서는 성찰의 자리.

상호텍스트성 효과를 발휘하며 따뜻하고 지혜로운 화평의 세계를 꿈꾸는

시인의 면모가 시선집의 길라잡이가 되고 있습니다.

〈향일성〉

양심과 욕심의 시소를 끊임없이 타는 한 인간이 놀이터에 있습니다.

좀 더 양심의 바닥에 주저앉으려는 몸부림이 도사리고 있습니다.

아기담쟁이는 음지에 살다가 어른담쟁이가 될 때는 양지에 서게 되지요.

향일의 담장을 꿈꾸며 음산한 골짜기를 지나 타오르는 담쟁이의 노래가 들려옵니다.

피를 토하며 실핏줄 흡착뿌리를 만들어 오르는 눈물겨운 담쟁이 앞에 서면

선생님의 수업을 듣는 교실 속의 한 초등학생이 됩니다.

〈까치밥〉

"오르다 멈추었는지"

"내리다 멈추었는지"

늘 성찰하는 구도자적 수행의 모습과 베풂의 미학이 함께 달려있습니다.

종착역이 목전에 있지만 더욱 황혼으로 물들어가는 둥 그런 하늘 맺힘이 뭉클한 감동을 선사합니다.

〈민달팽이의 독백〉

이 시에는 순응의 고행을 걸어가는 사막의 낙타를 지나,

세상을 호령하는 포효의 사자를 지나, 이제는 순수한 아기로 돌아오는 니체의 독백이 기어갑니다.

인간이 추구하는 최종적 삶의 모습은 아기로 돌아오는 것.

그 속에는 창조의 유희놀음이 있고

부모에게 회초리를 맞아도 금방 돌아서서 웃는 아기의 독백 같은 민달팽이의 독백이 살고 있죠.

〈상사화〉

황진이의 〈상사몽〉노래가 들립니다.

겨울동토를 뚫고 나온 무성한 상사화 잎이 스러져가는 4월입니다.

그 잎 진 자리에 상사화 꽃 또 피어 붉게 타오르겠지요.

相思相見只憑夢 (상사상견지빙몽)
儂訪歡時歡訪儂 (농방환시환방농)
願使遙遙他夜夢 (원사요요타야몽)
一時同作路中逢 (일시동작로중봉)

저도 꿈속에 의지할 때가 있어요.

그리움이 넘칠 땐 꿈이 그것을 받아주곤 하죠.

인간의 침묵의 강은 어쩌다 꿈속에서 흘러가주니 참 흐뭇하고 고마운 세계죠.

물론 악몽을 만나 식은땀을 마시기도 하지만.

〈중용의 길〉

추의 미학을 발굴하는 시인의 의식을 엿봅니다.

흰민들레가 귀하다 하여 씨를 뿌렸더니 온통 흰민들레 밭.

금세 노란민들레가 그리워 함께 뿌렸지요.

의미와 서정으로 지어진 조화로운 시는 절창이 되듯,

나 홀로 장군은 무의미한 존재이지요.

오늘 아침, 나는 어떠한 모습으로 세상의 꽃밭으로 또 들어갈까?

〈시인 그 이름 하나만으로도〉

"조국/ 고향/ 어머니/ 몸/ 자궁으로 거슬러 올라가는 긴긴 마음의 여정"

그릇 도식의 스키마적 은유가 육화되어 있습니다.

어머니의 자궁에서 탯줄을 타고 온 우리 몸은 액체로 되어 있죠.

그 물이 마르지 않게 원이거나 세모거나 네모거나 탓하지 않고 채우고 채워 또 흐르는 여정의 길은 본연의 습성을 닮았습니다.

탯줄을 타고 매끄럽게 절대자와 인간 사이에 오갈 줄 아는

시인으로 살게 해 달라는 간절한 기도가 세상의 등불로 치환되고 있습니다.

〈테트라포드〉

동백꽃 보러 오동도를 걸을 때 보았던 '테트라포드'.

흉물스럽지만 그 흉물스러움 덕에 동백과 동박새를 볼 수 있었지요.

차디찬 콘크리트 무정물에 생명을 부여하는 은유적 의인화의 시적 기교가 참 따뜻합니다.

'오동도 테트라포드'가 되어 수천 수만의 동백꽃 붉은 그리움으로 방파제를 지나 수평선을 바라보도록 살아가는 시적화자의 진중한 삶의 무게중심이 엿보입니다.

〈노루귀 봄을 엿듣다〉

봄소식 전하려 겨우내 노루잠 자는 부부노루귀.
겨울에도 종남산 그곳에 가고 싶다.

〈는개〉

함박눈 내릴 때 발자국도 없이 다녀간 얼굴 없는 천사.
어느새 내 가슴을 단풍잎으로 물들인 만추의 사랑.
시적 화자는 는개의 조상이련가?

〈연리지의 꿈〉

"몸과 마음이 서로에게 다가선 두 그루의 나무
삶과 죽음 한 날 한 시에 하자고 다지는
저 부러움의 둘 아닌 한 그루의 나무"

"一時同作路中逢"하자는 황진이의 상사화 너머

'實花相逢樹'라는 차나무꽃으로 승화되는 부부꽃을 형상화하고 있습니다.

실화상봉의 해후를 이미 만끽하며 살아가시는 두 분의 길에 축원의 노래가 늘 함께 울리기를 기원합니다.

영주산에서 태어나신 선생님,

다시 한 번『晴耕雨讀』시선집 상재를 축하드립니다.

오래오래 종남산 부부새로 연리지의 나이테를 그려주시기를 간절히 빕니다.

- 왕태삼 올림

『나이테에 그린 꽃무늬』
시집 발간을 축하드립니다

보낸 사람 : 왕태삼 〈wang1727@hanmail.net〉

보낸 날짜 : 2019. 11. 14. (목)

영주 선생님

『나이테에 그린 꽃무늬』 두 번째 단시집 출간을 진심으로 축하드립니다.

저도 시집을 23.5도 높직이 고여 보았습니다.

편편의 제목이 정성스레 손주 이름을 지어주듯이

깊은 의미를 함의하고 있습니다.

경이로움과 아름다움, 친밀 농밀한 세월과의 치밀한 성찰의 원단이라 생각합니다.

고정관념을 망치로 늘 부수고자 하는 시인의 자세,

사랑의 원천으로 인해 걸어갈 수밖에 없는 여러 갈래의 길,

골병 나게 눈부신 부부애,

은혜를 잊지 않는 담쟁이의 마음은 왜 이리 예쁜가요?

「증거」를 통해 명약관화하게 사랑의 간섭을 해명하시는 지혜,
「미루어 듣기」에서 말줄임표의 힘, 침묵의 사랑을 보았습니다.

덕분에 '회광반조'를 다시 한 번 새깁니다.
모든 사물을 가장 뚜렷하게 관조할 수 있는 석양!
그래서 미네르바의 부엉이는 황혼이 되어서야 날아가나 봅니다.

영주 선생님!
보내주신 『나이테에 그린 꽃무늬』는 저에게 채근담처럼 귀한 선물입니다.
오래오래 잘 새기며 보겠습니다.

수간모옥을 종남산 앞에 두고 오래오래 사모님과
송죽 울울리에 풍월주인이 되시길 빕니다.

다시 한 번 진심으로 축하드립니다.

- 왕태삼 올림

『나이테에 그린 꽃무늬』를 읽고

-안도

어느덧 세월의 굽이치는 물결의 나이테와, 소용돌이의 붉은 옹이가 이제는 내 가슴에 저리도록 분신이 되었습니다. 나무는 우두커니 서서 속절없는 세월을 잡아 가슴에 옹골차게 쟁여놓았습니다

그동안 하 세월을 허비하고도 나의 속은 보이지 않고 그리움만 키워 아무짝에도 쓸모없이 욕심과 뒤엉켜 부대껴 옴의 쓸쓸한 계절 교육장님의『나이테에 그린 꽃무늬』가 나를 다시 일으켜 주었습니다.

며칠 전 저는 제재소 옆을 지나다가 담 옆에 켜놓은 잘린 단면의 나이테가 선명한 통나무 하나를 보았습니다. 여러 굽이 에돌아 만들어진 나무 속 등고선은 해발 몇 백 미터의 산을 품고, 걸어온 첩첩의 붉은 산을 품고 나무는 산정을 오를수록 점점 몸피와 나이를 줄이며 청명한 공기와 햇빛으로부터 아득히 멀어져 가고 있었습니다.

그런데 그 순간 교육장님의『나이테에 그린 꽃무늬』가 떠오르며 갑자기 먼 걸음을 옮길수록 숨 막히고 어두운 나무의 안, 가는 실금의 나이테가 우리 생의 마지막 등고선, 최

고의 산봉우리였음을 느꼈습니다.

숨을 고르며 오랫동안 산정에 서 있다가 하산한 나무 한 그루가 뿌리, 자신이 신고 온 투박하고 낡은 신발을 산속에 벗어놓고 가지런히 누워 있는 모습을 보았습니다.

우리도 나무처럼 볼 수 없는 곳에 둥근 원을 긋고 살아왔습니다. 가슴 깊은 곳에 희망의 금을 긋고 사랑의 금도 긋고 곰삭은 아픔도 좁은 가슴에 새기며 살아왔습니다.

오늘, 짚고 넘어온 세월의 둥근 금을 세다가 나이 탓만 하고 있으며 얼굴은 보이는데 이름이 떠오르지 않고 이름은 떠오르는데 얼굴이 흐려지고 아마도 나이테에 건망증의 금이 더해가나 봅니다. 아니면 새겨 놓은 금 하나가 지워지고 있나 봅니다.

그런데 교육장님은 밑동 잘린 나무를 무심히 바라보며 몇 해나 살다 저리 베어졌을까? 하나, 둘, 셋… 나이테를 세며 살아오고 있었습니다. 나이테를 세다가 제대로 세었는지 다시 한 번 세어보려고 처음 나이테로 가는 마음이 동그랗고 너무 예뻤습니다.

우리의 언어를 아름답게 살릴 장면들을 포착해 기발한 발상으로 시적 표현을 하신 것은 모국어를 아름답게 사용하여 시 속에서 그리고 짧은 언어에서 나오는 미학을 느낄 수 있을 뿐만 아니라 민족 정서를 느낄 수 있어 너무 좋았습니다.

요즈음 단시短詩 운동을 이어가고 있는 '작은詩앗, 채송화'가 정기 문집을 펴내며 '집중과 함축'이라는 시의 원형을 찾는 작업을 하고 있습니다. 그런데 교육장님께서는 일찍이 선두에서 이미 절제된 언어형식 속에 이야기를 담고 이를 통해 가락과 그림이 있는 시를 그리는 작업을 하셨다니 존경스럽습니다.

시가 독자와 유리된 채 시인끼리 자족하는 퇴행의 현상이 나타나고 있는 요즈음 이런 흐름 속에서 짧고 알아듣기 쉬운 시의 길을 걷는 것을 결코 쉽지 않습니다. 그럼에도 불구하고 시의 본질을 향해 늘 깨어있어야 한다는 자각에 이 발걸음을 스스로 재촉하시며 단시短詩라는 새로운 지평의 한 중앙에 사신 것을 높이 평가합니다.

단시의 정형성이 시공을 넘어 시 본연의 응축성을 드러내는 동일한 점에서 배태되어진 것임을 밝히신 『나이테에 그린 꽃무늬』는 마치 이른 아침 맑은 공기를 마시며 개울가를 산보하는 듯한 청량감으로 가득했습니다. 축하드립니다.

김 | 계 | 식 | 시 | 집 | 목 | 록

사랑이 강물되어
김계식 시집

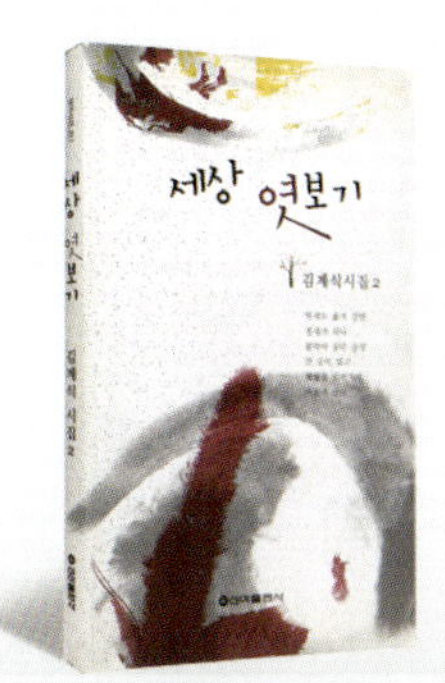
세상 엿보기
김계식 시집 2

산빛 물빛 다독이며
김계식 시집 3

눈빛으로 그린 사랑
김계식 시집 4

당신이 있어서 좋은 세상
김계식 시집 · 5

물보라에 젖은 연가
김계식 시집 · 6

김 | 계 | 식 | 시 | 집 | 목 | 록

김 | 계 | 식 | 시 | 집 | 목 | 록

민달팽이의 독백
김계식 시집

뭇별 속에 묻어두고
김계식 시집

어둑새벽
김계식 시집

김계식 시집
그림 속 시간 읽기

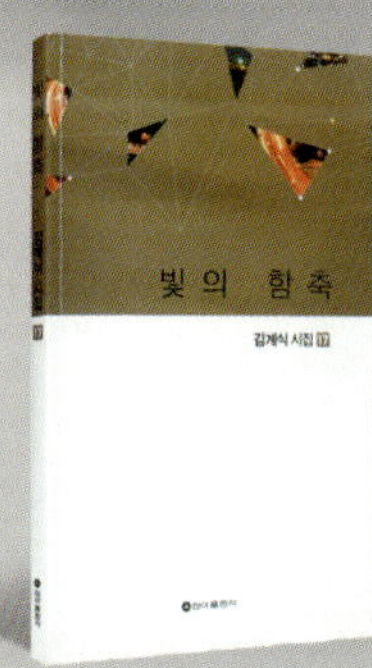
빛의 함축
김계식 시집

단시선집
꿈의 씨눈
김계식 시집

김 | 계 | 식 | 시 | 집 | 목 | 록

천성을 향해
가는 길
김계식 신앙시선집

062
김계식
연리지의 꿈

하얀 독백
김계식 시집

金癸植詩選集
晴耕雨讀

영혼의 아침
김계식 시집

단시집
나이테에
그린
꽃무늬
김계식 시집

김 | 계 | 식 | 시 | 집 | 목 | 록